So wird es gemacht:

Öffne das mini LÜK®- Kontrollgerät und lege die Plättchen in den unbedruckten Deckel!
Jetzt kannst du auf den Plättchen und auf dem Geräteboden die Zahlen 1 bis 12 sehen.

Beispiel: Seite 2
Mein oder meine?
Nimm das Plättchen 1 und sieh dir die Aufgabe Nr. 1 an!
Wie heißt es? „mein" Anker!
Das Wort „mein" hat die Lösungszahl 11.
Lege das Plättchen 1
auf die Zahl 11
des Gerätebodens!

1	2	3	4	5	6
7	8	9	10	**11**	12

So musst du weiterarbeiten, bis alle Plättchen im Geräteboden liegen.

Schließe dann das Gerät und drehe es um!
Öffne es von der Rückseite! Wenn du das bei der Übungsreihe abgebildete Muster siehst, hast du alle Aufgaben richtig gelöst. Passen einige Plättchen nicht in das Muster, dann hast du dort Fehler gemacht. Wende diese Plättchen dort, wo sie liegen, um, schließe das Gerät, drehe es um und öffne es wieder!
Jetzt kannst du sehen, welche Aufgaben du falsch gelöst hast. Nimm diese Plättchen heraus und suche die richtigen Ergebnisse! Kontrolliere dann noch einmal! Stimmt jetzt das Muster?

Und nun viel Spaß!

Dieses Papier wurde
aus chlorfrei gebleichtem
Zellstoff hergestellt

Mein oder meine?
Überlege: Wie muss es heißen?

№	Wort	mein	meine
1	Anker	11	10
2	Blume	12	7
3	Tafel	4	10
4	Lampe	8	12
5	Käfig	4	6
6	Maus	1	8
7	Zelt	6	9
8	Würfel	1	5
9	Vase	3	9
10	Tasche	2	5
11	Radio	3	11
12	Nadel	7	2

Was ist richtig: dein oder deine?

Vermeide Fehler durch zu schnelles Arbeiten!

1	Buch		2	Wolle
dein	9		dein	6
deine	8		deine	5

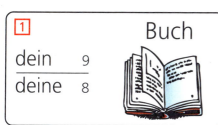

3	Schirm		4	Farbe
dein	2		dein	11
deine	4		deine	10

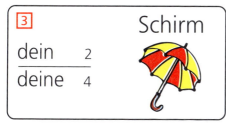 

5	Kugel		6	Brille
dein	1		dein	3
deine	8		deine	6

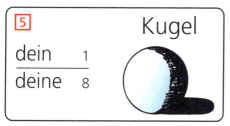 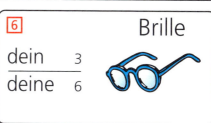

7	Lupe		8	Bonbon
dein	7		dein	11
deine	4		deine	12

 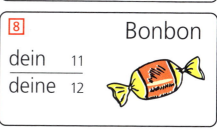

9	Kanne		10	Auto
dein	9		dein	3
deine	1		deine	5

 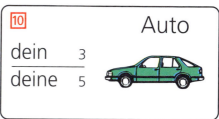

11	Karte		12	Birne
dein	2		dein	10
deine	7		deine	12

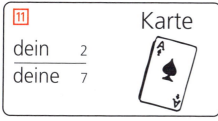 

Finde den richtigen Begleiter!

Entscheide dich für der, die oder das!

1 	der 1 / die 3 / das 6	7 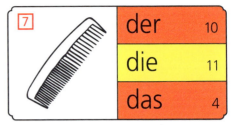	der 10 / die 11 / das 4
2 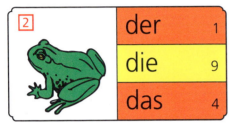	der 1 / die 9 / das 4	8	der 7 / die 12 / das 10
3	der 7 / die 12 / das 6	9 	der 3 / die 11 / das 8
4 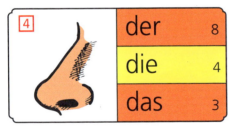	der 8 / die 4 / das 3	10	der 12 / die 10 / das 9
5 	der 1 / die 10 / das 12	11 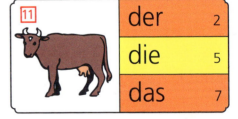	der 2 / die 5 / das 7
6 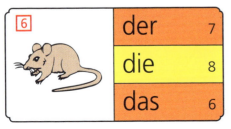	der 7 / die 8 / das 6	12 	der 2 / die 3 / das 11

Heißt es der, die oder das?

Das kannst du jetzt, oder?

1	der 2 / die 1 / das 4	7	der 11 / die 8 / das 7
2	der 10 / die 6 / das 9	8	der 6 / die 12 / das 10
3	der 5 / die 8 / das 3	9	der 5 / die 4 / das 11
4	der 1 / die 6 / das 7	10	der 8 / die 11 / das 2
5	der 9 / die 10 / das 12	11	der 6 / die 11 / das 10
6	der 3 / die 4 / das 5	12	der 3 / die 11 / das 5

Ein, eine oder viele?
Achte auf die Abbildungen!

		ein	eine	viele
1	_____ Apfel	11	1	6
2	_____ Hüte	7	2	10
3	_____ Erdbeere	9	8	5
4	_____ Feder	10	6	12
5	_____ Hirsch	2	4	5
6	_____ Fahrrad	9	8	1
7	_____ Flasche	5	12	6
8	_____ Münzen	6	7	4
9	_____ Besen	1	3	7
10	_____ Fisch	5	2	11
11	_____ Glocke	10	7	4
12	_____ Pilze	5	8	3

Ein, eine, zwei oder sogar drei?
Das schaffst du ohne Fehler!

		ein	eine	zwei
1	_____ Dosen	3	8	7

		ein	eine	drei
2	_____ Rakete	11	4	6

		ein	eine	zwei
3	_____ Hammer	12	7	2

		ein	eine	drei
4	_____ Rad	8	3	5

		ein	eine	zwei
5	_____ Tisch	6	9	10

		ein	eine	drei
6	_____ Pinsel	8	11	3

		ein	eine	zwei
7	_____ Schaukel	4	2	1

		ein	eine	drei
8	_____ Igel	10	5	6

		ein	eine	zwei
9	_____ Eier	9	12	11

		ein	eine	drei
10	_____ Schwein	1	8	10

		ein	eine	zwei
11	_____ Ring	5	1	7

		ein	eine	drei
12	_____ Geige	4	9	2

Welches Wort gehört in die Lücke?

Achte jeweils auf das Bild im Satz!

1	2	3
Das ist _____ Wanne.	Das ist _____ Biene.	Das ist _____ Haken.
ein 1 / eine 10	ein 7 / eine 6	ein 11 / eine 3
kein 12 / keine 5	kein 9 / keine 8	kein 5 / keine 10

4	5	6
Das ist _____ Korb.	Das ist _____ Hai.	Das ist _____ Netz.
ein 4 / eine 2	ein 5 / eine 12	ein 7 / eine 8
kein 9 / keine 6	kein 7 / keine 11	kein 2 / keine 4

7	8	9
Das ist _____ Bus.	Das ist _____ Hütte.	Das ist _____ Ring.
ein 3 / eine 6	ein 1 / eine 5	ein 3 / eine 1
kein 9 / keine 11	kein 4 / keine 2	kein 12 / keine 5

10	11	12
Das ist _____ Birne.	Das ist _____ Hand.	Das ist _____ Rad.
ein 8 / eine 4	ein 3 / eine 9	ein 8 / eine 9
kein 2 / keine 12	kein 7 / keine 6	kein 1 / keine 10

Einsetzübung

Setze das passende Wort zum Bild ein!

1				2				3			
Das ist _____ Affe.				Das ist _____ Löwe.				Das ist _____ Blume.			
ein	4	eine	6	ein	3	eine	8	ein	6	eine	2
kein	5	keine	1	kein	2	keine	11	kein	4	keine	7
4				5				6			
Das ist _____ Ente.				Das ist _____ Taxi.				Das ist _____ Eimer.			
ein	5	eine	6	ein	8	eine	10	ein	3	eine	1
kein	12	keine	4	kein	12	keine	9	kein	4	keine	6
7				8				9			
Das ist _____ Burg.				Das ist _____ Kerze.				Das ist _____ Dieb.			
ein	10	eine	11	ein	2	eine	9	ein	5	eine	10
kein	3	keine	12	kein	7	keine	8	kein	1	keine	7
10				11				12			
Das ist _____ Tanne.				Das ist _____ Hand.				Das ist _____ Turm.			
ein	9	eine	11	ein	3	eine	9	ein	10	eine	8
kein	8	keine	6	kein	5	keine	7	kein	2	keine	1

Wo steckt das Namenwort?
Wähle aus zwei Möglichkeiten!

TEUER 10 — 1 — 2 TULPE	EISEN 12 — 2 — 5 ECKIG	FEUER 4 — 3 — 1 FAUL
HAKEN 7 — 4 — 6 HÄUFIG	BREIT 3 — 5 — 10 BODEN	NAGEL 5 — 6 — 8 NÖTIG
HEILIG 9 — 7 — 1 HECKE	REISE 6 — 8 — 11 REICH	PLATT 5 — 9 — 3 PRINZ
NACKT 4 — 10 — 8 NEBEL	KLEIN 2 — 11 — 9 KETTE	DRAHT 11 — 12 — 6 DICHT

10

Und wo ist hier das Namenwort?
Schaffst du das ohne Fehler?

ZIEGEL 6 ? 1 / 4 ZAHM	WINZIG 1 ? 2 / 8 WINDEL	KAHL 5 ? 3 / 10 KNABE
GLATT 2 ? 4 / 11 GURKE	FUCHS 4 ? 5 / 5 FERTIG	BLANK 12 ? 6 / 1 BUSCH
DÜNN 3 ? 7 / 5 DECKE	KALB 2 ? 8 / 7 KALT	FREI 8 ? 9 / 9 FAHNE
NEBEL 12 ? 10 / 10 NASS	TAUB 6 ? 11 / 3 TINTE	KANNE 7 ? 12 / 4 KÜHL

Gesucht: das Wort in der Einzahl!

Du hast vier Wörter zur Auswahl!

1	Orangen 8	Ofen 4	Ochsen 3	Ohren 6
2	Pferde 7	Pelze 12	Pfau 1	Pakete 9
3	Räder 2	Regeln 9	Regal 6	Raben 8
4	Vater 3	Vasen 5	Vulkane 9	Vereine 7
5	Zöpfe 10	Zähne 7	Zahlen 6	Ziege 12
6	Flaschen 5	Frösche 11	Fotos 4	Fuß 2
7	Säfte 1	Salate 3	Säule 9	Sätze 10
8	Brillen 5	Brücke 7	Brote 11	Bücher 12
9	Tänze 2	Telefone 8	Tafel 5	Tische 3
10	Bürsten 11	Birne 10	Bretter 6	Bonbons 2
11	Zelte 6	Zehen 3	Zebras 7	Zaun 11
12	Sägen 1	Schafe 4	Söhne 10	Storch 8

Finde das Wort in der Mehrzahl!

Lies genau und lass dir Zeit beim Arbeiten!

1	Baby 2	Bänke 12	Bär 11	Bauer 6
2	Fach 10	Fackel 1	Fäden 3	Fahrrad 4
3	Gärten 7	Garage 11	Gabel 4	Gast 12
4	Jacke 3	Jahr 5	Juwel 9	Jungen 11
5	Ameise 12	Augen 1	Apfel 9	Aufsatz 10
6	Dach 8	Diebe 4	Dorf 5	Dose 1
7	Fische 5	Fichte 6	Film 8	Flamme 3
8	Haar 4	Hafen 7	Halme 9	Hals 2
9	Käfig 5	Kapuze 10	Kartoffel 2	Kälber 8
10	Löwe 1	Lüge 7	Lampe 3	Lieder 6
11	Erbse 6	Ei 4	Elefanten 2	Ecke 8
12	Meise 9	Mund 2	Minute 6	Mützen 10

Wie ist es richtig?

Dem oder den, die oder der, dem oder das?

1

Der Hahn kräht auf ...
... dem Mist.   10
... den Mist.   9

2

Der Hammer liegt neben ...
... dem Werkzeugkasten.   6
... den Werkzeugkasten.   7

3

Der Fisch hängt an ...
... die Angel.   11
... der Angel.   1

4

Der Bach fließt durch ...
... dem Tal.   3
... das Tal.   9

5

Der Polizist steht auf ...
... die Kreuzung.   12
... der Kreuzung.   7

6

Das Bild hängt an ...
... der Wand.   11
... die Wand.   8

Das Auto parkt vor ...
... das Haus.   4
... dem Haus.   3

Die Würstchen braten in ...
... die Pfanne.   5
... der Pfanne.   12

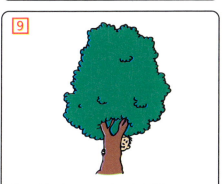

Das Kind versteckt sich hinter ...
... dem Baum.   8
... den Baum.   10

Das Baby liegt auf ...
... dem Bauch.   4
... den Bauch.   6

Die Amsel brütet auf ...
... den Eiern.   2
... die Eier.   1

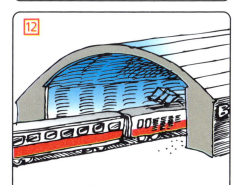

Der Zug rollt in ...
... dem Bahnhof.   9
... den Bahnhof.   5

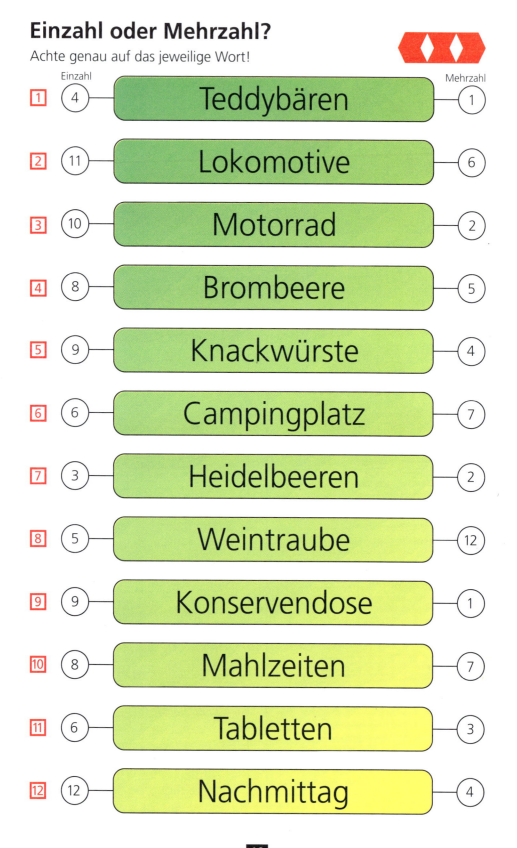

Übe noch einmal das Gleiche!

Steht das Wort in der Einzahl oder in der Mehrzahl?

Einzahl — Mehrzahl

1. (5) Wasserstrahlen (12)
2. (10) Gewitterwolke (1)
3. (9) Fotoapparate (7)
4. (11) Kindergärten (5)
5. (1) Stubenfliege (4)
6. (9) Erdbeertorte (2)
7. (6) Raumfahrzeuge (11)
8. (4) Einkaufstasche (8)
9. (2) Glockenblume (3)
10. (5) Geschichtsbücher (6)
11. (8) Taschenlampe (10)
12. (12) Waschmaschinen (3)

Wie geht der Satz weiter?

Diese Übung ist ganz schön schwierig!

1

Der Schmetterling fliegt durch ...

... der Luft.   11
... die Luft.   6

2

Die Schnecke kriecht über ...

... die Straße.   4
... der Straße.   7

3

Der Tiger liegt in ...

... dem Käfig.   1
... den Käfig.   3

4

Der Marienkäfer krabbelt über ...

... dem Blatt.   5
... das Blatt.   11

5

Der Hund ist an ...

... die Leine.   10
... der Leine.   7

6

Das Pferd frisst aus ...

... den Eimer.   8
... dem Eimer.   3

7

Der Storch steht auf ...

... der Schornstein. 12
... dem Schornstein. 5

8

Die Maus nagt an ...

... dem Käse. 10
... den Käse.   2

9

Der Wellensittich sitzt auf ...

... den Finger.   9
... dem Finger. 8

10

Die Muschel liegt auf ...

... den Meeresboden.   6
... dem Meeresboden. 12

11

Das Krokodil schwimmt in ...

... den Fluss. 1
... dem Fluss. 2

12

Das Lama spuckt auf ...

... dem Rasen. 10
... den Rasen.   9

Namenwörter, die sich reimen

Du hast vier Wörter zur Auswahl!

1	Mund	Leib 8	Hund 3
		Hut 6	Luft 5

7	Tisch	Helm 8	Fisch 10
		Flug 7	Herr 5

2	Vase	Nase 11	Salbe 7
		Seite 3	Note 4

8	Dose	Zahl 10	Zange 12
		Hose 5	Hütte 9

3	Bett	Hemd 2	Fell 10
		Fett 8	Herz 1

9	Buch	Werk 4	Tafel 11
		Wachs 1	Tuch 7

4	Rock	Ball 6	Keks 2
		Hose 12	Bock 4

10	Kranz	Tanz 9	Kreuz 3
		Fleck 10	Tank 6

5	Hand	Wand 2	Wurst 1
		Dame 4	Decke 10

11	Flasche	Kerze 2	Kette 7
		Tasche 1	Taxi 8

6	Nest	Baby 5	Floß 2
		Bad 9	Fest 12

12	Rad	Salz 5	Stroh 4
		Bier 3	Bad 6

20

Weitere Reimwörter
Das ist jetzt nicht mehr schwierig!

1 Teller	Brei 6	Kamm 2
	Keller 7	Brand 3

2 Spinne	Rinde 3	Dose 6
	Dorf 5	Rinne 10

3 Bier	Tier 12	Feld 9
	Ferkel 7	Tor 4

4 Ball	Herr 8	Knall 2
	Baum 9	Kahn 3

5 Zange	Gans 2	Gabel 4
	Wanze 8	Wange 6

6 Band	Land 9	Kino 5
	Kinn 10	Laub 1

7 Wurm	Gast 6	Wald 7
	Geist 1	Turm 8

8 Ziege	Krone 11	Fliege 4
	Feige 8	Küche 1

9 Bild	Geld 2	Wand 3
	Schild 5	Schaf 9

10 Baum	Rand 10	Luft 2
	Löwe 4	Raum 1

11 Puppe	Suppe 11	Miete 7
	Mühe 5	Seide 12

12 Glas	Dach 10	Gras 3
	Glück 11	Datum 4

21

Wie viele Silben hat das Wort?

Lies und klatsch dabei in die Hände!

		2 Silben	3 Silben	4 Silben
1	Erdbeere	5	6	9
2	Räuber	2	5	1
3	Gefängnis	3	9	7
4	Zirkus	5	1	8
5	Limonade	2	11	3
6	Radiergummi	8	5	1
7	Maulwurf	11	10	12
8	Feuerwehr	12	8	3
9	Marmelade	6	4	10
10	Trillerpfeife	9	7	12
11	Häuptling	4	6	3
12	Gebirge	2	7	4

Zähle auch hier die Silben!
Das Klatschen hilft dir weiter!

		3 Silben	4 Silben	5 Silben
1	Schmetterling	2	1	4
2	Salamander	10	6	3
3	Radieschen	4	11	5
4	Ledermantel	7	1	9
5	Lokomotive	3	12	10
6	Fledermaus	5	1	3
7	Fernsehantenne	4	8	7
8	Halskette	12	2	5
9	Feuerwehrauto	9	6	3
10	Kerzenständer	5	8	11
11	Schaukelstuhl	9	10	6
12	Einkaufstasche	7	11	4

Zusammengesetzte Namenwörter
Wie muss es heißen?

1	Hunde...	...tür	11
2	Vogel...	...hütte	9
3	Haus...	...nest	8

4	Auto...	...bein	5
5	Sessel...	...stift	7
6	Lippen...	...reifen	10

7	Buch...	...scheibe	12
8	Gitter...	...seite	4
9	Fenster...	...bett	2

10	Blumen...	...tasse	1
11	Feuer...	...topf	3
12	Tee...	...zeug	6

Setze richtig zusammen!
Wähle aus drei Möglichkeiten!

1	Blei...	...kreide	4
2	Tafel...	...ring	7
3	Ohr...	...stift	12

4	Fuß...	...zeit	1
5	Uhr...	...ball	5
6	Apfel...	...baum	3

7	Eier...	...schloss	10
8	Tür...	...tuch	2
9	Taschen...	...becher	11

10	Schnee...	...salat	8
11	Obst...	...mann	6
12	Bus...	...fahrer	9

Lückentext

Setze das passende Wort ein!

1. Ich esse eine _____ .
2. Timo trägt eine _____ .
3. Im Zoo lebt ein _____ .
4. Auf dem Tisch steht ein _____ .
5. Helga beobachtet ein _____ .
6. Oma kauft sich einen _____ .
7. In der Stube ist ein _____ .
8. Onkel Paul hat einen _____ .
9. Im Keller versteckt sich eine _____ .
10. Unter dem Baum wächst ein _____ .
11. Anita fotografiert einen _____ .
12. Tante Frieda verkauft ein _____ .

Finde das richtige Namenwort!
Achte genau auf den Text und die Abbildung!

1. Opa hat seinen dunklen _____ vergessen.
2. Tina zeigt allen ihren neuen _____ .
3. „Wo ist mein roter _____ ?" fragt Tom.
4. Rudi macht seinen alten _____ zu.
5. Ina repariert ihre kaputte _____ .
6. Die Mutter isst gern frischen _____ .
7. Der Vater sucht seine _____ im Keller.
8. „Da ist ja mein blauer _____ !" ruft Ute
9. Hans verlor seine teuerste _____ .
10. „Ist das Ihr _____ ?" fragt der Fremde.
11. „Mach dein kleines _____ auf", bittet Rolf.
12. Gleich geht Andrea in ihr _____ .

Welches Wort hat mehr Selbstlaute?

a, e, i, o, u, ä, ö, ü.

1. Affe / Axt

2. Ball / Birne

3. Hund / Hexe

4. Fluss / Fahne

5. Käse / Kamm

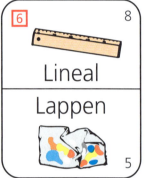

6. Lineal / Lappen

7. Laterne / Locke

8. Dusche / Dorf

9. Flöte / Fingerhut

10. Esel / Etui

11. Hose / Holz

12. Krokodil / Küche

Welches Wort hat mehr Mitlaute?

b, c, d, f, g, h, j, k, l, m, n, p, q, r, s, t, v, w, x, y, z.

1 1  Fahrrad Fahne 12	**2** 4 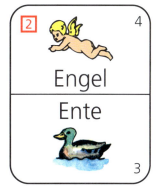 Engel Ente 3	**3** 6  Birne Boot 2
4 10  Dieb Daumen 8	**5** 12  Koffer Kamera 11	**6** 7 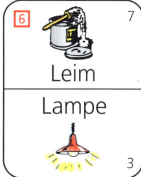 Leim Lampe 3
7 5  Rabe Rakete 2	**8** 10  Saft Säge 9	**9** 4  Wiege Wagen 11
10 8  Maus Mund 7	**11** 5  Mantel Melone 2	**12** 4  Steuer Straße 9

29

Welches Wort steht weiter vorn im ABC?

A, B, C, D, E, F, G, H, I, J, K, L, M, N, O, P, Q, R, S, T, U, V, W, X, Y, Z

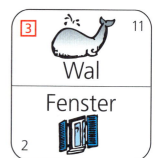

1	Zebra 12 / Affe 4
2	Brille 5 / Pilz 9
3	Wal 11 / Fenster 2

4	Elefant 3 / Tisch 7
5	Feder 8 / Sieb 10
6	Kamm 1 / Hand 12

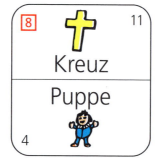

7	Zange 6 / Maus 9
8	Kreuz 11 / Puppe 4
9	Glocke 7 / Treppe 2

10	Wolf 9 / Banane 10
11	Frosch 1 / Tonne 2
12	Mund 6 / Zwiebel 5

30

Und hier: Welches Wort steht weiter hinten im ABC?

Das ist jetzt nicht mehr schwer!

1	2	3
Stock / Wurst	Pfeife / Nagel	Zitrone / Mond
4	5	6
Anker / Paket	Daumen / Pfanne	Clown / Bett
7	8	9
Eimer / Gurke	Uhr / Apfel	Trommel / Würfel
10	11	12
Hammer / Suppe	Sonne / Biene	Glas / Zaun

Wie heißt es richtig?
Achte auf die Abbildung!

1 Alle gehen zu   dieses 12   diesem 10   dieser 9

2 Lisa trinkt aus   einer 1   einem 4   eine 2

3 Die Fische schwimmen in   ihre 10   ihr 3   ihrem 6

4 Die Katze klettert auf   den 9   das 7   die 6

5 Susi spielt mit   ein 3   einem 12   eine 5

6 Tobias liest in   seinem 2   sein 12   seine 4

7 Viele Kunden kaufen   diese 11   dieses 1   diesen 3

8 Hans sucht   seinen 7   sein 8   seinem 5

9 Ich liebe   meine 9   meinen 5   mein 4

10 Die Mutter sucht   ihr 9   ihren 11   ihre 4

11 Das Flugzeug fliegt über   die 7   das 5   den 11

12 Onkel Fritz liegt in   sein 2   seine 3   seinem 8